AF221205

# Erwachte trauern (nicht) anders?

## Was bleibt, ist das Vermissen

Vom spirituellen Umgang mit Verlust und Trauer

Bibliografische Information der Deutschen Nationalbibliothek: Die Deutsche Nationalbibliothek verzeichnet diese Publikation in der Deutschen Nationalbibliografie; detaillierte bibliografische Daten sind im Internet über dnb.dnb.de abrufbar

Herstellung und Verlag:

BoD - Books on Demand, Norderstedt

ISBN: 978-3-7557-9487-5

*Vorwort*

Wie kam es zu diesem Buch?

Ich bin ein spiritueller Mensch und als solcher lebst du sowieso in einer Diaspora. In der schwersten Zeit meines Lebens, nach dem Tod meines Mannes, stellte ich fest, dass ich mit spirituellen Fragen nach der geistigen Welt oder dem Vorhandensein eines Seelenplanes völlig allein dastand. Wie konnte es sein, dass du, der so einen enormen spirituellen Background hatte sich so in seinem Leben verstrickt hat, das es keinen Ausweg mehr gab? Karma? Wiedergeburt? Gibt es ein Leben nach dem Tod in einer anderen Form? Ich hatte so viele Fragen und Gedanken in meinem Kopf. Trauerbegleiter und Trauerforen konnten diese Fragen nicht ansatzweise mitgehen, geschweige denn beantworten. Da herrschen so viel Unwissenheit, daraus resultierende Angst und Ignoranz, dass diese Themen einfach nur abgeblockt werden und als Wunschdenken abgetan werden. So habe ich also die Trauerarbeit mit mir selber ausgemacht, da adäquate Unterstützung nicht zur Verfügung stand.

Ich habe lange überlegt ob ich die Gedanken, für dieses Buch irgendwie ordnen sollte, habe mich aber dann doch dagegen entschieden, denn schließlich war in meinem Kopf und in meinem Herz auch alles durcheinander. Das macht es authentischer. Mir hat es in dieser Zeit sehr geholfen, andere Schicksale zu lesen. Vielleicht hilft es dir meine (unsere) Geschichte zu lesen.

Dazu möchte ich dich auf eine Gedankenreise mitnehmen.

Wir können nicht mit Gewissheit sagen, ob es nach dem körperlichen Tod vorbei ist, genauso wenig können wir sagen ob es weiter geht. Stell dir also vor, wir wären Seelen, die sich um Erfahrungen zu machen, für eine Reise in einem Körper entschieden haben. Bevor wir nun diesen Körper „beziehen", planen wir das Spektrum, dass wir erfahren wollen. 1) Unsere Seele ist ein Aspekt der Schöpferkraft, d.h. nie geboren und unsterblich.

Stell dir vor, Du bist ein strahlender Stern, eine leuchtende Sonne. Im Kern dieser Sonne bist du eins mit Gott, bist du bedingungslose Liebe und Schaffenskraft. Du bist nicht an Zeit und Raum gebunden, nicht an irgendeine Form. Du brauchst keinen Körper, um zu fühlen oder zu sein, wer du wirklich bist. An einem bestimmten Punkt entsteht von diesem Kern heraus der Wunsch zu erleben, es entsteht ein Wunsch nach Dynamik und Bewegung. Der Gott in Dir, die formlose und ungebundene Essenz, sucht die materielle Realität, um Emotionen und die Dualität von Liebe und Angst zu erleben. In Gott existierte der Wunsch Emotionen zu erfahren und darum hast du dich erschaffen.[2]

Das was wir meinen zu sein, ist illusionär, ist nicht die Wahrheit, denn der Körper kommt und geht. Demzufolge sind alle Erfahrungen auch illusionär und auch wieder nicht, weil sich unsere Seele dieses Körpers bedient um sich selbst zu erfahren. Wir sind nicht unser Körper, denn unsere Seele ist in ihrer Essenz göttlich, absolute Liebe. Jetzt wird der eine oder andere sagen, solche schlimmen Erfahrungen habe ich mir bestimmt nicht ausgesucht. Aber eine Erfahrung wird erst schlimm durch unsere Bewertung. Wenn du diese Bewertung weglässt, dann bleibt nur die Erfahrung übrig. Regen ist für den Bauern ein Segen, für den Urlauber nicht. Aber der Regen ist einfach nur Regen, er ist weder schlecht noch gut.

Ich für meinen Teil wollte u.a. erfahren, Mitgefühl zu entwickeln bzw. wieder bewusst wahrnehmen und lernen im Vertrauen zu sein und mich an meine wahre Heimat zu erinnern. In die Eigenverantwortung zu kommen ist auch ein Thema, das ich mir in meinen Seelenplan geschrieben habe. Dazu diente mein Erwachen 1993, der Tod meines Mannes war der 2. Weckruf. Nach dem Erwachen habe ich die potentiellen Chancen einfach ignoriert. So hat mein Mann mir mit seinem Tod dieses Geschenk gemacht, die gewünschte und geplante Erfahrung machen zu können. Wenn ich diese Vorstellung als wahr annehme, geht es mir viel besser und ein weiter leben erscheint möglich, weil ich dem Tod damit den Stachel genommen habe. Ohne diese Vorstellung versinke ich im Herzschmerz über meinen Verlust. Das würde auch bedeuten, dass es eine Welt gibt, in der sich meine Seele aufhält, wenn sie keinen Körper bewohnt. Ich möchte diese Welt die „geistige Welt" nennen.

**Wenn wir unseren Blick über die Froschperspektive eines Lebens erheben, erkennen wir wer wir wirklich sind.** 3)

## *Prolog*

Dezember 1993

In dieser dunklen Jahreszeit während eines Eros Ramazzotti Konzertes hat sich von jetzt auf gleich Erwachen gezeigt. Mir, die niemals vorher auf der Suche war, widerfuhr ein überwältigendes Satori 4) und ich war vollkommen geflasht.

Wir hatten das Eros Ramazzotti Konzert schon Anfang Dezember in Berlin besucht und uns im Laufe des Abends fürchterlich gestritten, weil mich diese Musik emotional sehr berührte und ich der Meinung war, dass das bei dir auch so wäre. War es aber nicht und das Konzert endete damit, dass ich mich völlig unverstanden und allein fühlte, mir ein Taxi rief und allein nach Hause fuhr statt mit dir im Auto. Als du dann später nach Hause kamst, inzwischen ebenfalls mit diversen Emotionen beladen, konnten wir die Situation unter vielen Tränen klären. Das war eine gefühlsmäßig sehr tief gehende Erfahrung für uns beide. So viel zur Vorgeschichte, die das Konzert in München begleitet hat.

Du warst immer ein sehr harmoniebedürftiger Mensch, und es war dir wichtig, dass dieses verkorkste Konzert einen Ausgleich erfährt. So hast du also heimlich alles organisiert, so dass wir dieses Konzert also nochmals in München erleben konnten. Du hast mich dann damit überrascht, indem du unsere Kinder zu meiner Mutter gebracht hast und mir sagtest, dass ich eine Tasche packen soll, denn wir fliegen nach München zum Christkindlmarkt. Das kam mir alles sehr suspekt vor, denn es war ja nicht so dass wir als junge Familie in Geld schwammen. Du hast dann die damals noch sehr teuren Tickets gebucht und wir flogen also nach München, schlenderten über den Weihnachts- markt um zu unserem Hotel zu gelangen. Wir stärkten uns bei einem leckeren Essen um dann später den Olympiapark zu besuchen. Bis zu diesem Zeitpunkt ahnte ich immer noch nichts. Keine Plakate auf den U-Bahnhöfen - keine anderen Hinweise auf das bevorstehende Konzert - nichts. Erst in der U-Bahn bekam ich ein Gespräch von zwei Personen mit, die sich voller Vorfreude über das Konzert unterhielten. Nun wusste ich wo es hingeht und die Freude war riesig.

So standen wir also mit über 15.000 Menschen in der Halle und plötzlich war ich voll in Liebe und Glückseligkeit eingehüllt. Mit dem Zulassen von diesen Gefühlen hat sich mir eine Welt offenbart, von der ich nicht dachte, dass ich das erfahren darf. Am Anfang bin ich völlig eingetaucht in diese bedingungslose Liebe. Die Person Anja schien völlig verschwunden, da war nur Wahrnehmung. Alles was ich wahrnahm bestand aus Liebe, mich eingeschlossen. Es gab kein Gut und Böse. Die ganze Schöpfung hat sich mir als Liebe gezeigt. Jetzt spürte ich das die Liebe in allem enthalten ist und alles in der Liebe enthalten ist. Da waren keinerlei Identifizierungen mit anderen Menschen oder deren Gefühlen und Gedanken, weil alles aus sich selbst heraus strahlte, lebte und liebte. Wobei die Liebe im Menschen, die ich gespürt habe, die Liebe war die sein wahres Wesen ausmacht. Da es keine Wahrnehmung mehr von Gut und Böse gab, sondern nur völlige Akzeptanz von dem was ist, war auch kein eigener Wille mehr da. Das heißt nicht, dass ich willenlos war, sondern in völligem Einklang mit dem Willen Gottes. Wobei ich hier nicht den Gott aus der Kirche meine, sondern eher eine Schöpferenergie.

Das Konzert ging zu Ende, aber dieses Gewahren hielt an. Auf dem Rückflug am nächsten Tag, saß ich in Tränen der Glückseligkeit aufgelöst im Flieger und schaute aus dem Fenster. Vor meinem inneren Auge lief ein Film ab, als wenn ich aus dem Weltall auf die Erde schaue und immer näher ran zoome. Je näher ich in meiner Wahrnehmung der Erde kam und ins Detail schaute, desto deutlicher sah ich Krieg, Leid, Hass, Lust, Liebe, Freude etc., eben die gesamte Gefühlspalette.

Mit einem übergeordneten Blick erkannte ich, dass alles was ist gut ist. Wenn auch die Emotionen den einzelnen treffen, weil sie auf der Erde (unserem Seelenplan entsprechend) durchlebt werden wollen, so sind sie doch auf einer anderen Ebene nur ein Teil des harmonischen Ganzen. Gott, die bedingungslose Liebe identifiziert sich nicht, sie steht weit darüber. Es ist wie die Leinwand auf der ein Film läuft. Die Leinwand ist von dem darauf laufenden Film völlig unberührt.

Zitat: „Ich" sah nur noch mein Selbst, jene unveränderliche, alles durchdringende, alles beherrschende Quelle der Existenz. Alles, der Körper, die Welt, der Verstand waren nur noch Vorstellungen auf der Leinwand des unveränderlichen Selbst, ohne reale Existenz. 5)

Plötzlich war es sonnenklar, dass alles, was ist, ein Produkt der bedingungslosen Liebe des Schöpfergottes war. Aber diese Liebe war mit nichts zu vergleichen, dass wir hier als Liebe benennen. Denk an einen Menschen, den du tief im Herzen liebst und potenziere dieses Gefühl millionenfach, dann hast du eine vage

Vorstellung wovon ich hier spreche. Dieses Gefühl ist jenseits der Dualität und umschließt alles. Mich in meiner scheinbar so wichtigen Persönlichkeit gibt es gar nicht, da war nur allumfassendes liebendes Bewusstsein.

"Ich" erkannte, dass alles in der Essenz dasselbe ist, dass alles mit allem verbunden ist und dass wir viel mehr sind als das was wir meinen zu sein. Zwar scheint jeder individuell zu sein (Rick Linschitz nannte es eine Story), aber die Essenz, das was wir wirklich sind, ist nicht verschieden. „Ich" bin nicht der Baum, aber das was der Baum IST. Alles was uns widerfährt geschieht innerhalb dieser Story. Alles was erscheint ist liebendes Bewusstsein, ist das SELBST. Es gibt nur das SELBST in mannigfachen Erscheinungen. Alles war genauso in Ordnung wie es war. Hier tauchte tiefe Demut auf vor dieser bedingungslosen Liebe, die nicht von dieser Welt ist und mit unseren zur Verfügung stehenden Worten nicht annähernd zu beschreiben ist.

Es war, als wenn "mir" das Geheimnis des Menschseins offenbart worden war. Es war wie ein Gewahren aus der Quelle.

14

**Das SEIN braucht die Schöpfung nicht um zu sein,
aber die Schöpfung braucht das SEIN um zu sein.
Das was Erscheinung IST,
nimmt durch die Augen der Erscheinung sich SELBST wahr.**

Dieses Gewahren hielt ca. drei Monate an, dann senkte sich der Schleier des Vergessens und es sollte für fast 30 Jahre verborgen bleiben. In der Zwischenzeit habe ich unsere Kinder ins Leben begleitet und mein Leben mit einem sehr traumatisierten, aber auch sehr spirituellen Mann gelebt.

„Vielleicht bedeutet Liebe auch lernen jemanden gehen zu lassen

und wissen wann es Abschied heißt.

Nicht zulassen, dass unsere Gefühle dem im Weg stehen,

was am Ende wahrscheinlich besser ist für die die wir lieben. „

(Sergio Bambaren)

Du hast es wirklich getan....

Du hast dir das Leben genommen.

Das war der Worst Case. Alles ist anders gelaufen als wir es wollten. Du wolltest nicht als erstes gehen und ich wollte nicht zurückbleiben. Trotz allem freue ich mich für dich, dass du diesen Mut hattest deine Qual zu beenden. Ich bin einfach nur glücklich, dass es dir jetzt gut geht. Ich weiß zutiefst wo du jetzt bist, bzw. was du jetzt bist und das erfüllt mich mit tiefer Freude, denn es gibt nichts Schöneres als in der Essenz dessen was wir sind aufzugehen.

2015 hattest du deinen ersten depressiven Schub, völlig unerwartet von jetzt auf gleich und alles hat sich verändert. Unser ganzes Leben wurde auf den Kopf gestellt. Du, der immer der Macher war, warst plötzlich so unendlich schwach, hilflos, verletzlich und schützenswert. Dein Leben erschien dir völlig sinnlos und alles wofür

16

du gebrannt hast, war plötzlich fort. Da du selbst schwer traumatisiert warst wolltest du im Außen kein Leid reflektieren, also hast du es dir zur Aufgabe gemacht Leid um jeden Preis bei anderen Menschen zu verhindern. Dafür brauchte es Energie, die dir jetzt plötzlich nicht mehr zur Verfügung stand. Wie oft hast du mir gesagt, dass du die behinderten Menschen beneidest, weil man ihnen ihr Defizit ansieht. Dein Defizit war unsichtbar, weil es in deiner Seele wütete. Im Detail möchte ich das gar nicht weiter ausführen.

Du hast all deine Gefühle mit dem Verstand beseitigen wollen, du wolltest sie nicht haben, weil sie dich so quälten.

*Aber Leben möchte gefühlt werden, nicht gedacht.*

Jetzt fast drei Jahre später erkenne ich die Angst die da war.

Wenn du durch eine harte Zeit gehst und alles gegen dich zu sein scheint,

wenn du das Gefühl hast, es nicht mehr eine Minute länger zu ertragen,

gib nie auf, weil dies die Zeit und der Ort ist,

wo sich die Richtung ändert.

RUMI

Angst vor dem Leben und Angst vor dem Sterben. Auf der einen Seite Angst vor dieser alles vereinnahmenden Dunkelheit und Schwere und absoluten Hilflosigkeit und auf der anderen Seite die Angst vor dem was danach kommt und Angst vor deiner Schöpferkraft. Das Unvermögen dir vorzustellen, wer du ohne das vertraute Elend bist.

**Wir sind immer Schöpfer unserer eigenen Realität, aber diese Verantwortung zu übernehmen erfordert unendlich viel Mut.**

Ich habe jede freie Minute mit dir zusammen verbracht und immer versucht dich aus diesem Loch raus zu holen. Keinen Weg den ich ohne dich machte. Ich habe dich überall hin mitgenommen. Einkaufen, spazieren etc. In diesen Momenten ging es dir ein bisschen besser, wir sind dann sogar Essen gegangen oder ein Bierchen trinken. Das waren dann immer die Momente in denen ein Funke Hoffnung in mir erwachte, dass es dir bald wieder besser gehen würde.

Im Nachhinein denke ich mir, dass ich schon was geahnt haben muss, denn wir saßen drei Tage bevor du gegangen bist im Irish Pub und haben ein Bier getrunken, als ich zu dir sagte, wie sehr ich es genieße jetzt hier mit dir zu sitzen, genauso wie es ist und dass ich dafür sehr dankbar bin, weil morgen schon alles anders sein kann.

Wie sehr ich damit Recht behalten sollte, offenbarte sich zwei Tage später. Am Morgen fragte ich dich wie es dir geht und du sagtest nur, dass es ein Alptraum sei, Aus diesem Grund hast du mich auch nicht zum Einkaufen begleitet, die 30 Minuten die ich brauchte hast du dazu genutzt um zu gehen. Als ich wiederkam und das Auto nicht da war ahnte ich schon was.

Wie habe ich diese Ungewissheit empfunden?

Zuallererst war da Angst, du hast mir einen Brief hinterlassen indem du geschrieben hast, dass du zu Veetman (einem spirituellen Lehrer) fahren möchtest. Da ich wusste in welchem desolaten körperlichen Zustand du warst, hatte ich meine Zweifel ob du diese Strecke von fast 500 km an einem Tag bewältigen kannst. Ich wusste um deine Vorliebe für versteckte Plätzchen zum Übernachten und so kam mir dann der Gedanke was passiert, wenn du dir so versteckt etwas antust. Dann übernahm mein Kopfkino und ich kann mich nur noch bruchstückhaft erinnern, dass ich mir die schlimmsten Szenarien ausgemalt habe. Die Angst vor dieser Ungewissheit fraß mich fast auf und dann gesellte sich der Kontrollverlust dazu, der die Angst noch schürte. Ich fühlte mich völlig hilflos, machtlos und ausgeliefert. Es war ein Konglomerat von Gefühlen. Ich bin sehr dankbar, dass sich meine Fantasien nicht bewahrheitet haben. Du hast es so vorbereitet, dass du schnell gefunden worden bist und uns diese Ungewissheit erspart blieb.

Ich ging zum Fenster und schickte voller Verzweiflung ein Stoßgebet zum Himmel…

"Was soll ich denn jetzt tun?"

Die Antwort war: "du musst ihn gehen lassen".

(Das war kein Hören, sondern ein Wissen später sollte ich lernen, dass dies Hellwissen war)

Das war das erste Mal, dass ich die Geistige Welt ganz deutlich wahrgenommen habe.

In diesem Moment bin ich einfach zerbrochen, aber ich ließ dich gehen, ich gab dir von Herzen die Freiheit deinen Weg zu gehen. Ich weiß, dass diese Entscheidung dir den Übergang erleichtert hat, denn wir waren in diesem Moment sehr miteinander verbunden.

(Bei einem späteren Jenseitskontakt hast du dich bei mir dafür bedankt, dass ich dir diese Freiheit ließ.)

Dann kam deine Sterbenacht…

…ich lag im Bett und weinte bitterlich, immer wieder meinte ich dich zu hören wie du durch die Wohnung läufst, was körperlich nicht der Fall war. Auch diese Wahrnehmung konnte ich anfangs überhaupt nicht zuordnen. Später durfte ich lernen, dass es sich um eine Form eines Nach-Tod Kontaktes gehandelt hat.

Mich überrollten die Gefühle des Verloren, Verlassen und Allein Seins, bis mir der Gedanke kam, dass das die Gefühle des kleinen Kindes in mir waren und ich machte mir bewusst, dass ich, die Große all das nicht bin. In dieser Situation, völlig vom Schmerz überrollt, hatte ich einen lichten Moment und fing an Ho'oponopono anzuwenden, eine Vergebungsübung der Hunalehre.

1. Es tut mir leid.
2. Ich verzeihe mir / Ich verzeihe Dir
3. Ich liebe mich. / Ich liebe Dich
4. Danke.

Mit diesen vier Sätzen wendete ich mich an mein inneres Kind, das mit dem Geschehen völlig überfordert war und nur die Urängste fühlte, die sich nicht mehr nur als deine sondern auch als meine herausstellten. Ich fühlte mich dir in diesem Moment so unglaublich verbunden, dass ich das Gefühl hatte, diese Übung für uns beide zu machen. Es war eine sehr tiefe Erfahrung.

Die Tränen versiegten und ein Gefühl des tiefen Friedens kam über mich und ich bin entspannt eingeschlafen. Ich bin überzeugt davon, dass dies der Moment war, indem du gegangen bist.

Am nächsten Tag stand morgens die Kripo vor der Tür und da ich ja schon wusste was sie mir sagen wollten, habe ich das alles relativ gefasst aufgenommen. Ich kann mich noch erinnern, dass ich wissen wollte wie du gestorben bist, dabei aber die Worte verdreht habe und schließlich gefragt habe wie tot du bist. Wenn ich daran denke muss ich heute wirklich schmunzeln.

Jetzt hatte ich den Kopf voll mit der Organisation deiner Beisetzung. Alles verzögerte sich, da die Staatsanwaltschaft deine Obduktion angeordnet hatte. In dieser Zeit habe ich auch überlegt ob ich mich noch persönlich von dir verabschiede. Ich war lange hin und her gerissen, habe mich dann aber doch dafür entschieden und es zu keinem Zeitpunkt bereut. Als es dann endlich soweit war, war das ein ganz kostbarer Moment für mich, den ich wohl nie vergessen werde. Ein letztes Streicheln, ein letzter Kuss.

So begleitete ich dich mit unserer ältesten Tochter zu deinem allerletzten Weg.

Als wir das Krematorium verließen schien die Sonne und die Welt drehte sich weiter, obwohl meine persönliche Welt in Trümmern lag. Ich fand das so ungerecht und ich habe innerlich sehr mit meinem Schicksal gehadert.

Du warst so ein freiheitsliebender Mensch, ein Weltenbürger, den ich mir nicht im Grab vorstellen konnte, also war für mich klar, dass es keine Beisetzung im üblichen Sinne geben würde. Ich wollte deine Asche bei mir haben und sie deinem Wesen entsprechend Mutter Erde übergeben. Wir fanden einen Weg und so bist du nun offiziell in der Schweiz bestattet. Du hast oft zu mir gesagt, wenn du vor mir stirbst braucht niemand an deinem Grab stehen, doch da waren deine Geschwister, die Abschied nehmen wollten. Wie sollte ich diesen Spagat jetzt hinbekommen? Ich entschied mich für eine Trauerfeier, bei der deine Geschwister in Anwesenheit deiner Urne die Möglichkeit hatten sich zu verabschieden. Im Anschluss hatte ich dich dann bei mir.

Wir hatten noch so viele Reisepläne, dass für mich schnell feststand, dass du mich in Zukunft begleiten wirst. Auf jeder Reise habe ich also jetzt deine Asche dabei und lasse ein Teil von dir dort. Bis jetzt habe ich auch immer kleine Zeichen dort von dir bekommen.

Hier haben wir im Sommer 2017 einen Teil deiner Asche über der Emberger Alm beim Gleitschirmflug verstreut. (Achte auf die Form der Wiese in der Mitte.)

Ich bin so unendlich dankbar dafür, dass das Thema Schuld nur kurz Gast war in unserer Familie. Wut allerdings schon, zuerst unbewusst (ich bekam erst später die Information, dass Gallensteine ein Hinweis auf versteckte Wut sind), danach nur eine kurze Phase, in der ich mit einem Regalboden auf meine Matratze eingedroschen habe. Dann war es vorbei. Wobei ich nicht mal sagen könnte worauf ich wütend war. Ob auf dich, weil du nicht mehr für uns, für dich gekämpft hast oder aufs Leben an sich. Ich glaube du hattest keine Vorstellung davon, wie viel Kummer und Schmerz du uns hinterlässt.

## *WIE ES MIR DAMIT GEHT...*

Du warst ein großes Geschenk für mich, denn Du hast mich gelehrt mich selbst zu schätzen. Wir waren ein tolles Team und ich spüre dich heute noch neben mir. Tatsächlich hast du mir mehrere Nach-Toderlebnisse geschenkt. Ich ging in tiefer Traurigkeit versunken in unser Schlafzimmer, sah voller Wehmut zum Bett und dann sah ich dich für den Bruchteil einer Sekunde dort auf unserem Bett körperlich sitzen. Sollte deine Geistenergie tatsächlich noch hier sein? Wie war das möglich? Noch mehr Fragen.

Ich dachte erst, dass ich mir das eingebildet habe, so fand ich doch später sogar Literatur 6) darüber, dass es verschiedene Arten von Nach–Tod Erfahrungen gibt. Ich durfte vier verschiedene erfahren. Es gab viele Momente, in denen ich meinte dich zu spüren oder mit dir zu kommunizieren, aber mein Verstand hat das sofort abgeblockt. Immer redete ich mir ein, ja das hättest du gerne, das ist alles deine überbordende Fantasie. Der Verstand kann das nicht fassen. Alles ist mit allem verbunden. Die Weltenseele, die alles durchdringt weiß um den Frieden, doch auf der menschlichen Ebene ist da der Schmerz des Verlustes.

Hier ist beides da, tiefe Traurigkeit, wenn ich der Person (Verstand) Raum gebe und totaler Frieden, wenn ich dem Bewusstsein Raum gebe. Beides kann nebeneinander existieren. Sowohl als auch. Ich bin traurig im Frieden oder friedlich in der Trauer. In der Geschichte wirst du von mir schmerzlich vermisst, obwohl ein Teil von mir dich immer gegenwärtig spürt. Du bist nicht wirklich weg. Aber das ist gesund, das wird heilen. Dafür bin ich so unglaublich dankbar. Meine Seele möchte immer, dass es mir gut geht und wenn ich dem Raum gegeben habe, dann habe ich mich gut gefühlt. Habe ich allerdings meinem Verstand gefüttert, dann ging es mir schlecht und die Trauer hat mich überrollt. Es ist so befreiend sich dem Herz anzuvertrauen. Wenn du deinen Lieblingsmenschen neben dir spürst, dann vertrau deinen Sinnen. Dein Verstand möchte etwas erklären, dass er nicht erfassen kann.

Ich habe so widerstreitende Gefühle in mir. Ich fühle mich wie im Niemandsland. Nichts, das ich für mich tue. Wer bin ich ohne Dich? Du warst mein Leben, alles war auf dich ausgerichtet. Wohin geht mein Weg? Vom WIR zum ICH ist so schwer. Gelegentlich tun sich ungeahnte Löcher auf. Ich schwelge gerade in der Vergangenheit und bin so unendlich dankbar aber auch unsagbar traurig. Diese Phasen habe ich immer wieder mal, aber das ist auch okay. Ich kann mir im Moment keine Zukunft denken, ich bin gezwungen im Moment zu sein, der sich immer anders darstellt. Im Moment ist da nur Traurigkeit, in dem Moment indem ich das schreibe ist das die Erkenntnis, dass das Leben ist. Nur der Moment. Jetzt ist da

Freude über die Erkenntnis. Nichts ist statisch, alles ist ständig im Wandel. Aber die Traurigkeit ist auch sehr verlockend und teilweise genieße ich sie sehr, denn das Weinen tut mir irgendwie auch gut. In diesen Momenten merke ich dann, dass ich diesen Schmerz fühlen will.

Die Rolle der Ehefrau ist mit dir gestorben. Ich habe keine Wahl, ich muss alles gehen lassen. DICH –Mich –Uns, reinste Wahllosigkeit. Mein ganzes Leben ist schlagartig zum Stillstand gekommen. Die, die ich meinte zu sein ist auch gestorben. Tot und doch gezwungen weiter zu leben.

Für alle geht das Leben normal weiter, für mich war kein Stein mehr auf dem anderen. Da war nur Leere - endlose Leere. Dort wo mein Herz war, ist einfach nur ein riesiges Loch gewesen, das mich zu verschlingen drohte. Hast du doch all die Anteile von dir, mit denen ich mich identifiziert habe, mitgenommen.

„Wenn du dir dann erlaubst, diesen Mangel, dieses Fehlende zu fühlen, kannst du diesen essentiellen Teil von dir finden, der das Loch von innen her wirklich füllen wird, ein für alle Mal.

Auf diese Weise erlangst du diesen Teil deines Selbstes wieder. Du verbindest dich mit dem Teil deiner Essenz, den du verloren hattest, und von dem du glaubtest, dass es dir nur jemand anderes geben könnte..." 7)

Dieses Loch in meinem Herzen darf jetzt von innen heraus heilen. Aber wie geht das?

**Ich mache mir bewusst, dass ich nichts von außen brauche. Ich lerne mich selbst zu lieben, so wie ich bin. Wenn ich mich nicht selbst lieben kann, brauch ich jemand im außen dazu um dieses existentielle Loch zu füllen.**

Ich lerne mir selbst genug zu sein.

Ich fuhr ein paar Tage später nochmal an den Ort, den du dir zum Sterben ausgesucht hattest. Auf dem Weg dorthin, durfte ich eine für mich wichtige Erkenntnis machen. Ich fuhr die Straße mit völligem Tunnelblick und wenn ich suizidale Gedanken gehabt hätte, wäre es in diesem Moment ein Leichtes gewesen sie umzusetzen ohne an die Folgen zu denken. Kein Gedanke an unsere Kinder. So ähnlich musst du dich gefühlt haben.

Zu diesem Zeitpunkt habe ich das erste Mal darüber nachgedacht, ein Medium 8) aufzusuchen. Also ging ich zu einer Demonstrations-Veranstaltung. Dort hast du dich unmissverständlich gemeldet, so dass ich sofort einen Termin gemacht habe. Diese Sitzung war unglaublich, denn ich habe so viele Beweise von dem Medium bekommen, das deine Präsenz noch gegenwärtig war. Das war das Tröstlichste was ich mir vorstellen konnte. Aber um den „Zweifler", nämlich mein Köpfchen auszuschalten, habe ich viele Medien besucht. Alle brachten mir Beweise, an denen nicht zu rütteln war und so festigte sich mit der Zeit mein tiefer Glaube daran, dass du immer da bist. (Für alle Zweifler, du warst nicht so wichtig, dass es eine Anzeige in der Zeitung gegeben hätte aus denen das Medium hätte Informationen bekommen können, ebenso wenig warst du im Internet oder bei Facebook präsent.) Du hast einfach deine Form verändert. Aber ich vermisse dich, deine körperliche Präsenz trotzdem so unglaublich.

In den Foren habe ich viele andere Schicksale gelesen und fühlte mich in diesem Drama unglaublich beschenkt. Dieser Spruch "schlimmer geht immer" klingt schlimm, aber hat mich über Wasser gehalten.

Unsere Kinder waren groß, ich war finanziell abgesichert, ich konnte in unserer Wohnung bleiben. All das war nicht selbstverständlich und dafür bin ich jeden Tag dankbar.

Aber gleichzeitig war auch die Angst da irgendwie nicht richtig zu trauern. Wie konnte es denn sein, dass ich so kurz nach deinem Tod lachen konnte. Ich hatte große Angst meine Trauer zu verdrängen und noch größere Angst davor, dass sie mich irgendwann einholt. Ich habe mir dann irgendwann die Frage gestellt, an welchem Maß man, dass festmacht wie man „richtig" trauert, denn bis dato hatte ich ja noch nie getrauert. Ich habe dann festgestellt, dass ich mich an dem orientierte was die Gesellschaft vorgibt. Du musst traurig sein, schwarz tragen, keine Freude empfinden, nur weinen etc.

Ich tat nichts davon, mein Alltag war meine Insel. Ich ging arbeiten, konnte über deinen Tod sprechen, hab mit den Kindern gelacht.

Ich habe gut funktioniert, aber alleine zuhause bin ich ertrunken in einem Meer aus Tränen. Ich habe das auch den Kindern nicht so gezeigt, denn sie hatten ihr Leben und waren dabei wieder Fuß zu fassen. Wir hätten uns immer gegenseitig mit der Trauer befruchtet. Ich habe nicht nur meinen Schmerz getragen, sondern auch den der Kinder.

Das war eben meine Form der Trauer, jeder trauert individuell, da gibt es kein falsch oder richtig. Aber erlaube dir zu fühlen, in welcher Art auch immer.

All die Wege, die ich früher mit Dir gemeinsam ging, jetzt alleine zu gehen zu müssen zerriss mir das Herz. Das erste Mal ohne dich einkaufen gehen, dort wo wir immer zusammen gelaufen sind. Jeder Schritt barg Erinnerungen an Situationen oder Begebenheiten, so verwunderte es nicht, dass mich die Tränen fluteten, während ich auf den vertrauten Wegen lief. Es erinnerte mich einfach alles an Dich.

Jedes Detail in unserer Wohnung, die wir gemeinsam liebevoll eingerichtet haben, ließ mich bittere Tränen weinen.

Mein Mitgefühl für Dich kam auf ganz leisen Sohlen.

Das, bevor du dein ganzes Leben geflohen bist, Intimität und Menschlichkeit, war das wonach du immer Sehnsucht hattest.

Plötzlich dürfte ich all das fühlen, das du mir während deiner Depression immer beschrieben hast, mit dem ich aber zu Deinen Lebzeiten nicht wirklich was anfangen konnte.

Später wies mich eine liebe Freundin, die Psychotherapeutin ist daraufhin, dass es meine eigenen Gefühle waren, die Du mir unser ganzes Leben gespiegelt hast. Ich erinnerte mich daran, dass ich als Teenager oft am Fenster saß und mich genauso gefühlt habe.

° ich fühlte mich nirgends dazugehörig

° ich konnte keine Freude empfinden

°ich hatte keinen Zugang zu den Menschen

°ich war einfach nicht in der Lage in einen

wahrhaftigen Kontakt zu den Menschen zu treten.

°ich fühlte mich völlig allein und verloren
°immer auf der Suche nach einem Sinn.

Später erkannte ich, dass ich als junge Frau meinem Leben einen Sinn gab, indem ich eine Familie gründete. Jetzt sind die Kinder groß und leben ihr eigenes Leben und du bist auch nicht mehr bei mir, also bin ich wieder allein und aufgefordert meinem Leben wieder einen Sinn zu verleihen.

War das vielleicht auch eine Erfahrung, die ich machen wollte als Seele? Das ich nichts im Außen brauche um glücklich, sondern alles in mir ist und erkannt werden möchte?

Ich habe diese Gefühle nur ein paar Wochen bewusst gehabt, verdrängt wohl mein ganzes Leben, aber du hast dein ganzes Leben unter ihnen gelitten. Du hast dich hier immer falsch gefühlt, als wenn du auf dem falschen Planeten gelandet wärst. Die Kaltherzigkeit der Menschen, mangelnde Empathie, grenzenloser Egoismus. Wie kann man so überleben? Für mich war es schon grenzwertig und ich bin psychisch viel robuster als Du.

**Ich merkte sehr schnell, dass es nichts bringt der nicht mehr vorhandenen gemeinsamen Zukunft nachzutrauern**.

Es war einfach nur unglaublich schmerzhaft, meine Gedanken auf die Zukunft oder die Vergangenheit zu richten. Ich war so zwiegespalten. Einerseits war ich mir bewusst, dass es dir jetzt besser geht, andererseits wie sollte ich ohne dich hier leben? Der nächste Atemzug schien kaum möglich, da war nur dieser unsagbare Schmerz des Verlustes. Ich, wie ich mich bisher wahrgenommen habe, bin mit Dir gestorben. **Also entschied ich mich, meine Mühe darauf zu verwenden im Moment zu bleiben** und nicht an das Morgen ohne Dich zu denken. **Atemzug für Atemzug.**

**Du kannst dich immer wieder durch deinen Atem in deiner Mitte zentrieren. Wie im Auge des Tornados. Um dich herum tobt es, doch dein Atem führt dich in deine Mitte, in dein Herz und dort ist FRIEDEN.**

*Erlaube dir, dich im Atem tief in dir zu finden. Atme bewusst in dein Herzzentrum. Du kannst dabei auch leicht auf dein Brustbein klopfen, das löst den Schmerz leichter. Der Atem gibt dir Sicherheit, egal was war und was kommt.*

### Der Atem

Der Atem, er führt dich durch jede Welt,

denn er ist es, der deinen Körper und deine Seele zusammenhält.

Größten Frieden kann er dir bringen,

Verzückung pur, doch sei gewiss,

Es gibt nicht Schönes nur,

auch kannst du fallen in tiefes Leid,

in grenzenlose Einsamkeit.

Und wenn du willst verzagen,

dann lass dich von ihm tragen.

Letztlich wird er dich befreien und du wirst bewusster sein.

Aufstehen, Duschen, Essen, jede Tätigkeit möglichst bewusst tun, um nicht ins Karussell der Gedanken zu geraten. Sobald mein Verstand anfing eine Geschichte zu kreieren, habe ich versucht das zu unterbinden, indem ich ganz intensiv in meinen Körper hinein gefühlt habe. **Du kannst nicht gleichzeitig Geschichten kreieren und deinen Körper wahrnehmen.** Aber das Vermissen war so übermächtig. Du warst immer mein Fels in der Brandung, du warst der verlässlichste Mensch den ich kannte. Plötzlich gab's nur noch mich.

Aus dem Wir, ist ein Ich geworden. Aber wer bin ich ohne Dich? Ich darf mich ganz neu entdecken. Wenn sich doch 1993 offenbarte, dass es keine Trennung gibt - warum zum Teufel tut es jetzt so weh?? Diese Frage beschäftigte mich einige Monate, bis zu einem Telefonat mit Gerhard Vester. 9) Da erinnerte ich, dass diese Erfahrungen zum Mensch sein (zur Story) gehören, dass ich deswegen hier auf Erden bin.

War es doch genau das, was sich mir während meines Erwachens gezeigt hat. Jegliche Gefühle sind vom höchsten Standpunkt aus gesehen illusionär und doch **möchten** sie gefühlt werden. Unser Verstand möchte sich festlegen, aber in Wahrheit ist alles sowohl als auch.

**Ich kann nur erfahren was ich bin, wenn ich erkenne was ich nicht bin.**

Das NICHTS braucht die Schöpfung um Erfahrungen zu machen, aber nicht um zu SEIN. Erfahrungen bedeutet für das NICHTS, das was sich im Moment offenbart. Das was ist

JETZT

Das macht es nicht leichter, aber jetzt darf es da sein. Die Trauer kommt in Wellen. Ich heiße den Schmerz willkommen. Ich fühle ihn in der Gänze und weiß heute, er geht auch wieder vorbei und es schleichen sich glückliche Momente ein. Auch die dürfen sein. Alles darf sein und ich will nichts unterdrücken. Letztlich dürfen wir nicht vergessen, dass wir mit dem Trauern den Verstorbenen auch ehren.

Aber ich will nicht tragen, was deine Verantwortung war. Diesen Weg zu wählen war deine Entscheidung und die respektiere ich. Wer bin ich um diese Wahl zu kritisieren? Bin ich doch nie in deinen Schuhen gelaufen. Aber es ist meine Verantwortung und meine Entscheidung wie ich damit lebe, ob ich daran zerbreche oder wie Phönix aus der Asche wieder auferstehe. Wir haben immer die Wahl!

„Ich" habe während meines Erwachens die Erfahrung gemacht, dass **alles** ein Ausdruck der **ABSOLUTEN LIEBE** ist. Das nichts jemals verschwinden kann und doch ist da der große Zweifler, das Ego das mir jetzt das Leben schwer macht und dich nicht loslassen kann.

Ich bin von einer spirituellen Dimension berührt worden, die mir ein Herzens- Wissen geschenkt hat, das viele Jahre verborgen in mir schlummerte, es mir aber trotzdem ermöglichte tiefste spirituelle Weisheiten tief im Herzen zu erfassen.

Es sind so viele Gedanken und Gefühle, die mich beschäftigen - ein einziges Durcheinander im Kopf und im Herz. Ich darf jetzt lernen wieder dem Herzen zu vertrauen.

Ich weiß, du würdest dir von Herzen wünschen das ich wieder glücklich werde, aber mir kommt es wie ein Verrat an dir vor, als wenn ich dir untreu werde. Diese Sehnsucht nach Nähe und das Unvermögen mich darauf ein zu lassen zerreißt mich fast, aber vor allem lauert die Angst in mir Dich zu vergessen. Aber allein bleiben möchte ich auch nicht.

**Keine Angst zu haben vor dem Potential, das in mir steckt.** Da gibt es einiges, das entdeckt werden möchte. Aber dazu gilt es an meiner Selbst Wertschätzung zu arbeiten. Ich habe dich immer über mich gestellt, all deine Aussagen wie Leben funktioniert ungeprüft als Wahrheit übernommen. Da sind viele Glaubenssätze in mir, die mich selbst klein machen. Jetzt bin ich aufgefordert jedes Wort von Dir auf den Prüfstand zu stellen, ob es auch meine Wahrheit ist. Vieles davon stellte sich für mich als nicht stimmig heraus. Im Laufe der Zeit habe ich erkannt, dass ich manche Glaubenssätze von dir übernommen habe, weil sie unbewusst auch in mir schon angelegt waren. Deine Wahrheiten waren aus deinen Konditionierungen und deinem Schmerz geboren. Sie haben nichts mit mir zu tun.

## Die Reise zu meinem neuen „Ich"

Zu deinem ersten Todestag 2017 flog ich nach Lourdes, dort waren wir 2005 und 2006 gemeinsam und hatten eine intensive Zeit. Deine Asche ließ ich auf dem Kreuzweg an allen Stationen. Hier übermannten mich gegenüber der Grotte so unglaublich viele Gefühle.

Trauer, Frieden, Freude, Liebe, Dankbarkeit, Ja zu allem, unendliches Vermissen, geborgen sein, verloren sein, Präsenz, Gegenwärtigkeit…alles war gleichzeitig da.

Du wolltest immer nach Indien zu den alten Meistern, also machte ich Anfang 2018 diese

Reise und nahm dich mit. Ich besuchte zwei Palmblattbibliotheken. Nachdem ich einen Teil deiner Asche in einem Shiva Tempel verstreut habe, landete am Ausgang unmittelbar nachdem ich wieder ins Freie trat ein Vogel zu meinen Füssen. Das sah ich als Zeichen, denen später noch mehrere folgen sollten. Kurz vor dieser Reise hatte ich dann meinen zweiten Nach – Tod Kontakt in Form eines Traumes.

*…Du kamst im Traum auf mich zu, gekleidet in deinen Lieblingsklamotten, richtig cool mit Sonnenbrille, so wie du dich selbst mochtest. Ich wusste im Traum das du tot bist und wollte auf dich zugehen, da sagtest du mir, in der dir eigenen typischen Mundart: „Spotzl", in einer Tonlage, die meinte „versteh doch"…du kannst nicht zu mir kommen.*

*(dieses eine Wort hat gereicht um mir unmissverständlich klar zu machen, dass ich nicht zu dir kommen kann) darauf antwortete ich voller Freude: „ja, ich weiß, aber ich freue mich so."*

*Denn in diesem Moment war mir völlig klar, dass du noch da bist.*

Diese Art von Träumen unterscheiden sich von anderen Träumen, da sie sehr präsent bleiben. Wann immer mich danach die Traurigkeit überrollen wollte, erinnerte ich mich an dein „Spotzl" und musste lächeln.

Ein Jahr später besuchte ich unsere Tochter in Irland, auch dort überließen wir einen Teil deiner Asche dem Meer und fanden diesen einmaligen Stein.

Während dieser Phase, entdecke ich in der Interaktion mit anderen Menschen wo ich in meiner Entwicklung stehe. Ich habe auf meiner Indienreise viele spirituelle Menschen getroffen und im Zuhören über ihre aktuellen Lebensumstände gelernt, welche tiefen Betrachtungsmöglichkeiten ich bereits entwickelt habe. Dazu gehört auch der Umgang mit deinem Tod.

Auch auf meinen wunderbaren Reisen in die Casa el Morisco 10) die 2019 folgten, dürfte ich Menschen mit den unterschiedlichsten Geschichten kennenlernen und es entwickelten sich viele tiefgehende Gespräche. Es war mir völlig suspekt, dass sich diese Menschen am Ende eines Gespräches bei mir bedankt haben. Die Bedeutung dessen, sollte sich mir erst später offenbaren.

Auch auf dieser Reise hast du mich begleitet und am Strand wurden zwei Steine in Herzform angespült, nachdem das Meer deine Asche mitgenommen hat.

Benajarafe
Malaga
2019

Diese Selbstreflektion ist gerade ein großes Thema für mich. **Erinnern, wer ich bin, welch große Seele ich bin.** Tief in meinem Herzen ist dieses Wissen verankert, aber die Ego Struktur versucht alles um den Zugriff zu verhindern.

Je mehr ich Dich und was das Trauma mit dir gemacht hat verstehe, desto mehr Frieden bekomme ich und mein Herz darf heilen. Dennoch ist Bedauern da, wäre dein Körper krank gewesen, würde das Annehmen der Situation wahrscheinlich leichter sein, weil der körperliche Verfall unausweichlich gewesen wäre. Ein Teil in mir beharrt darauf, dass Hilfe möglich gewesen wäre, obwohl ich genau weiß, dass deine Angst, dich zu Verlieren Hilfe unmöglich gemacht hat.

Robert Schwartz schreibt dazu in seinem Buch "Die Mission der Seele" 11)

...Alle Suizide, die durch äußere Kräfte verhindert werden können, werden in der Tat verhindert...Vorausgesetzt, der- oder diejenige ist offen für Hilfe.

Ich respektiere deine Entscheidung, aber ich weiß das du dir nicht vorstellen konntest das dir jemand helfen kann, weil du dich als so komplex und verkorkst gesehen hast. Obwohl du in Therapie warst, war es dir tief im Herzen nicht möglich dich zu öffnen.

**Auch hier ist es so, wenn ich mich dem Herz zuwende ist Frieden, erlaube ich dem Verstand sich zu melden, entstehen Zweifel und ich leide.** In diesen Situationen habe ich das erste Mal gelernt auf mein höheres SELBST zu achten. Meine Seele möchte immer, dass es mir gut geht.

Heute nun ist dein zweiter Todestag.

Die Tränen wohnen immer noch ganz dicht unter der Oberfläche. Da sind immer noch viel Traurigkeit und Vermissen, wenn ich dich auf den physischen Ausdruck deines Wesens begrenze. Wenn mir der Shift auf eine höhere Bewusstseins- Ebene gelingt, geht es mir relativ gut.

> Glücklichsein hängt davon ab, ob man akzeptieren kann, was ist
>
> Und was ist, ist! 12)

Zwischenzeitlich habe ich mich einem medialen Zirkel angeschlossen, in dem ich lernte zu meditieren und den Kontakt zur geistigen Welt schulte, die ja durch die Jenseitskontakte ein fester Bestandteil in meinem Leben wurde. Dort lernte ich liebe Menschen kennen, die mein Leben sehr bereichern.

Irgendwann kam mir der Gedanke, dass man einen Suizid mit der Einnahme einer Schlaftablette vergleichen kann.

*Du gehst ins Bett und hast Kopfkino. An Einschlafen ist nicht zu denken. Dieser Zustand wird zur Qual, weil du nur noch schlafen möchtest. Irgendwann nimmst du eine Schlaftablette und „schießt" dich sozusagen ab.*

*Endlich – alles vorbei*

*Scheinbar, denn die nächste Nacht wartet, bis die Ursache für dein Kopfkino aufgelöst wird.*

*Jetzt verändere ich die Betrachtungsebene:*

*Du hast Kopfkino, an Leben ist nicht zu denken, dieser Zustand wird zur Qual, weil du einfach nur noch sterben möchtest. Irgendwann begehst du Suizid und „schießt" dich sozusagen ab.*

*Endlich – alles vorbei*

*Scheinbar, denn die nächste Inkarnation wartet, bis die Ursache für dein Kopfkino aufgelöst wird.*

*Schlaf – der kleine Bruder des Todes.*

***Meine Trauer hat ihre Ursache in der Begrenzung deines Wesens. Das, was du in deiner Essenz bist ist immer und unvergänglich.***

***Die unsterbliche Seele legt das Gewand, den physischen Körper ab. Das ist vergleichbar mit***

49

*dem Ausziehen der Kleider vor dem Einschlafen. Jede Nacht ist ein bisschen wie Sterben.*

**Wer weint? Die Illusion der Trennung. Sie fühlt sich verlassen.**

*Aber ich merke auch, dass ich noch lange nicht bei mir angekommen bin.* **Wer bin ich ohne dich?**

*Loslassen was war ist wahrlich schwer. Die Vergangenheit gehen zu lassen um die Zukunft willkommen zu heißen. Das ist eine riesige Herausforderung.*

*Immer sind da die Gedanken:*

*das wäre in deinem Sinne…*

*das hättest du so gewollt…*

*das hättest du von mir erwartet etc…*

*es sind noch so viele Glaubenssätze in mir, die mich scheinbar stützen, an denen ich mich festhalten kann um mich zu orientieren.*

*Immer bin ich es selbst, die die Veränderung herbeiführt. Die Familie und Freunde können stützen, aber tun muss ich.*

Big Ben

## ICH DARF IN DIE

## EIGENVERANTWORTUNG KOMMEN

Ich werde dich ein zweites Mal loslassen müssen, aber noch ist da die Angst etwas von dir zu vergessen.

Dich zu vergessen.

Aber ist das überhaupt möglich?

Du hast mir wunderbare Kinder geschenkt und hast durch dein So Sein den Menschen aus mir gemacht, der ich heute bin. Zu guter Letzt hast du durch deine Entscheidung auch die Weichen gestellt für den Menschen, der ich werde.

Fehlen wirst du wohl immer, aber vergessen?

Nein!!

Der Tod nimmt einem den Menschen, aber die Erinnerungen bleiben. Sie sind die stillen Zeugen deiner zeitlich begrenzten Präsenz.

*Der Mensch, den wir liebten, ist nicht mehr da, wo er war. Aber er ist überall wo wir sind und seiner Gedenken.*

*Hl.Aurelius Augustinus*

Die Liebe, die wir empfunden haben, sie bleibt – sie stirbt nicht, aber sie verändert sich.

Du bist in so vielen meiner Erinnerungen ständig präsent, auch wenn ich dich nicht mehr riechen kann, so weiß ich doch noch genau wie sich deine Haut anfühlt.

Wenn es gelingt den Kopf auszuschalten, dann bist du als mein Ratgeber immer an meiner Seite.

Ich habe wieder ein Stück losgelassen, ich habe unser Auto verkauft. Damit waren so viele Erinnerungen verknüpft und es ist mir sehr schwergefallen, denn du hast auch dort den Entschluss gefasst diese Erde zu verlassen.

In unserem „Voyagi" hast du deine letzte Nacht verbracht. Ich kann es gar nicht richtig beschreiben, das Auto war wie meine zweite Heimat. So unglaublich vertraut und voll mit deinen Schwingungen.

Ein Alltag in dem du fehlst, aber eine Wahrheit in der Du als liebevoller Mensch gegenwärtig und unsterblich bist. Wie oft haben wir im Bett gelegen und darüber gesprochen ob Erwachte anders trauern? Irgendwie waren wir beide der

Meinung es müsste so sein, aber heute weiß ich es….

Ganz klar –nein!!!

Sicherlich ist da die Möglichkeit einer anderen Betrachtungsweise, aber wir haben die Rechnung ohne das unsagbare Vermissen gemacht.

Einige Monate nach deinem Tod war ich bei einer Trauerbegleiterin, die sagte mir die Trauer dauert drei bis fünf Jahre. Ich war damals felsenfest davon überzeugt, dass es bei mir nicht so lange dauert. Nun, jetzt beginnt das fünfte Jahr und die Trauer hat sich verändert. Ich bin noch immer nicht richtig in einem Leben ohne dich angekommen, aber die Zeit der tiefen Täler ist vorbei. Es gibt immer noch kleine Talsohlen, in denen ich ab und zu versinke, aber auch schnell wieder auftauche. Das Feuer des Lebens, es glimmt, aber weit weg von brennen.

Das Leben wurde zerteilt in ein Vorher und ein Nachher.

Ich suche immer noch meinen Platz in einer Welt ohne dich. Ich weiß, du würdest wollen, dass ich wieder glücklich bin und Freude am Leben habe.

Ich werde zur Selbstliebe kommen und dann kann ich auch die Trauer loslassen. Da sind so viele offene Wunden in mir, die geheilt werden wollen und dürfen, damit ich mich weiterentwickeln kann. Doch dazu muss ich meine Komfortzone verlassen.

Akzeptanz & Vergebung, das führt zur Heilung. Die Gefühle alle zulassen und durchlaufen.

Du hast mich vor eine gigantische Aufgabe gestellt, mein Lieber, aber so war es schon immer. Du hast mich immer gefordert, so dass ich über meine Grenzen gehen musste um zu erkennen wozu ich fähig bin.

**Ohne Selbstliebe machen wir uns so unendlich klein.**

Durch deinen Tod bin ich immer wieder aufgefordert mich all den Themen zu stellen, die ich mein ganzes Leben lang verdrängt habe.

**Ich darf lernen mich Selbst wert zu schätzen und anzuerkennen welche Größe tatsächlich in mir steckt.** Vielleicht liegt darin das Geschenk?

Alles darf da sein. **Alles was auftaucht möchte gefühlt werden, auch die Trauer.**

Alles ist genauso richtig!!!

*Sei ganz im Hier und Jetzt,*

*dann bist du nicht gehetzt. Hab ein Gefühl für alles was du tust, das geht, wenn du in dir ruhst.*

*Die Akzeptanz von allem und jedem, darüber wollen wir hier reden*

*Akzeptiere dein So Sein, dann wirst du dich befrei 'n.*

Je mehr ich in die Akzeptanz komme, dass die Dinge nicht anders kommen konnten, desto deutlicher spüre ich dich bei mir. Wir sind nicht wirklich getrennt.

Da ist teilweise große Traurigkeit, aber ohne unsere Geschichte ist es nur das was es ist – Traurigkeit. Die möchte allerdings in ihrer Gänze gefühlt werden, damit Transformation stattfinden kann. Mit unserer Geschichte ist es großes Leid und ein Drama, das mich daran hindert den Weg aus der Trauer zu finden, weil ich damit identifiziert bin und es mich paralysiert.

Es ist richtig, weil es da ist.

**Gott macht keine Fehler.**

Auch wenn wir den Sinn darin nicht gleich erkennen. Nur unser EGO –Verstand macht alles für uns so schmerzhaft, weil er alles bewertet und alles kontrollieren will.

Wieder mal habe ich ein Wellental hinter mir und befinde mich wieder auf dem Weg zum Auftauchen. Es ist ein ständiges Auf und Ab. Wenn ich mich im Tal der Tränen befinde, scheint es nie mehr besser zu werden.

**Aber jede Träne ist kostbar, denn sie bringt mich wieder ein Stück weiter, macht mich wieder ein Stück heiler.**

Die Dankbarkeit erfüllt mein Herz
Vergessen ist jeder Schmerz
Ich bin dankbar für jede Qual,

denn sie führt mich aus diesem Tal.
Ich bin dankbar für jede Pein,
denn sie lässt mich weiser sein.
Ich bin dankbar für mein Menschsein auf
Erden,
denn nur hier kann ich Gott gleicher werden.

Ich habe jetzt meinen Ehering abgelegt, allerdings durch einen anderen Ring ersetzt. Ganz ohne fehlt irgendwie was. Früher hatte ich oft das Gefühl, dass das was wir hatten nicht von dieser Welt war, inzwischen weiß ich es. Es ist ein Herzens-wissen, kein Kopfwissen.

Dir zuzugestehen, dass du zu schwach warst für dieses von dir gewählte Leben, mir einzugestehen, dass du nicht so stark warst, wie ich dich immer sehen wollte ist so unglaublich schwer.

Du hast hier so unglaubliches geleistet für das was dir widerfahren ist, dass es mir vorkommt als würde ich das alles nicht wertschätzen, wenn ich sage du warst schwach. Du warst beides, sowohl als auch.

Schwach bezogen auf das Vermögen dich diesen Gefühlen zu stellen die dich dein ganzes Leben lang beherrscht haben, aber unglaublich stark, indem, was du mit deinen Überlebensstrategien geschafft hast.

Ich habe gestern in deinem Tagebuch von 1983 gelesen und schon dort hast du geschrieben, dass der Weg nur durchs Gefühl geht. Du hast das alles gewusst und das führt mir vor Augen wie beschwerlich dieser Weg ist. Wenn ich genau schaue, sehe ich, dass ich auf deinen Spuren wandle, denn ich will jetzt auch alles rational erfassen, weil das Fühlen so unglaublich schmerzhaft ist.

Die Trauerzeit ist so wichtig um wieder bei sich anzukommen. Vielleicht würde es mir noch besser gehen, wenn ich wüsste wie es konkret aussieht, wenn ich in meine Kraft komme. Im Moment fühle ich mich wie ein Blatt im Wind. Wohin geht die Reise?

Muss ich irgendetwas tun? Da sind so viele Vorstellungen wie irgendetwas sein müsste.

(Ich sollte meditieren etc. Wobei meditieren heißt in die Stille gehen, Entspannen. Wer gibt das vor? Malen, Stricken ist auch Meditation). Ich darf all diese Vorstellungen loslassen und einfach nur SEIN. Das genügt!!

**Ich brauch nichts werden - einfach nur Sein,** dann bin ich authentisch.

Übermorgen wäre unser 36igster Hochzeitstag und dein Todestag ist nur 5 Tage später.

Ich weiß inzwischen um das Geschenk, das du mir gemacht hast und doch vermisse ich dich so sehr und ich erwische mich oft bei dem Gedanken, zu glauben das der Preis sehr hoch war. Ich habe meinen Frieden mit deiner Entscheidung gemacht, aber trotzdem fehlst du jede Minute des Tages und die Tränen bahnen sich noch oft ihren Weg. **Das zu verstehen, dass in diesem Bewusstsein, das ICH BIN, all das gefühlt werden möchte ohne Bewertung, ist sehr schwer.**

Wenn ich von
dir gehe…

dann gehe ich
nicht so weit…

Nur eine Armlänge
von deinem Herzen
entfernt…

Für Dich wird
es sich wie die
unendlichste Weite
anfühlen…

Für mich…
nur ein Atemzug…

Ich weiß wann
ich gehen werde…

Mein Menschsein
weiß es nicht…

Es ist auch nicht
wichtig…wann es geschieht…

Nicht für mich…

*Wenn ich über*
*meine Schulter zurück*
*schaue… auf das*
*Gelebte und Gefühlte…*

*dann weiß ich…*

*Es war und ist…*
*alles gut…*

*Ich habe die*
*Momente gefüllt…*

*Gefüllt mit mir…*

*Hab meine Liebe*
*gelebt und geteilt…*

*So wie den Schmerz*
*und die Freude…*

*Die Zeit…*

*spüre ich in*
*Atemzügen…*

*Als wäre sie*
*mein Puls in*
*diesem Sein…*

*Meine Angst…*

*ist da…und ich*
*versuche sie mehr*
*und mehr in mir*
*selbst liebevoll*
*anzunehmen…*

*Angst vor der Angst…*

*Es darf so sein…*

*Denn wenn*
*etwas geschah…*

*so war es mein*
*Wunsch und Wille*
*in diesem Leben…*

*Alles was ich liebte…*
*Alles was ich berührte…*

*Alles was ich ablehnte…*
*Alles was ich bekämpfte…*

*All das…*
*war ein Teil von mir…*

*Ich halte meine*
*Hand…und sage mir…*

*Schön…das du*
*all das lebst…*

*Jeden Tag*
*Aufs Neue…*

*„Ich lebe mein Leben*
*Des Lebens wegen"…*

*„Ich sterbe im Leben*
*Des Todes wegen"…*

*Beides…*
*ist dasselbe Wesen…*

*Jenes…was mich*
*immer wieder neu*
*kreiert und vergehen*
*lässt…*

Wie auf einen
Malblock mit
unendlich vielen
weißen Seiten…

Mit Seelenfarben
gemalt…gemischt
durch Emotionen
und Gefühle…

Male mich
wenn du magst…

Male mich immer
wieder…

Ich werde da sein…

Wo du in Liebe
mit dir und deinem
Nächsten bist…

Ich werde da sein…

Wenn der Vorhang
fällt…und dir heilende
Dunkelheit den Raum
einnimmt…

*Ich bin mit mir…*
*und…*
*Ich bin mit dir…*

*In aller Ewigkeit…*
*und tiefer Liebe…*

*Text: Markus Everdiking (Heilende Texte)*

Der Großteil der Menschen, die ich bis jetzt kennengelernt habe, können nicht mal erahnen was sich hier offenbart hat. Du konntest es, weil eine riesige Sehnsucht nach genau dem, in dir war. Diese Sehnsucht kennt nur wer viel Leid erfahren hat, das Leid der Trennung vom ALL-EINEN.

Aber heute weiß ich, dass du doch einiges von deinem Seelenplan leben konntest, weil ich an deiner Seite war. Ohne mich und unsere Kinder hättest du schon weit früher diese Erde verlassen. Aber nichts desto trotz ist hier im Moment viel Wehmut. Dich zu vermissen gehört zu meinem Leben dazu und das wird es immer tun. Aber das ist okay. Hinter dem Schmerz sind all die guten Momente, die wir erlebt haben. Ich bin sehr dankbar für unsere gemeinsame Zeit. Wir haben so viele verrückte Sachen gemacht. Wundervolle Momente, die ich mein Leben nicht vergesse. Dafür danke ich dir.

Dieses Loch, dass dein Tod in mir gerissen hat wird nun langsam gefüllt mit Erinnerungen, Liebe und Hoffnung. Nun bin ich die Bewahrerin unserer Erinnerungen und wenn ich irgendwann zu dir komme, dann sind sie wie eine Feder, die der Wind davonträgt. Sie haben nur die Bedeutung, die ich ihnen gebe.

Bei diesen Erinnerungen laufen gleich wieder die Tränen. Diese tiefe Vertrautheit, ob ich die nochmals erfahren darf? Ich kann es mir im Moment nicht vorstellen. Da ist immer noch kein Platz für was Neues. Du bist noch so präsent.

Obwohl ich in anderen Bereichen schon Licht am Ende des Tunnels sehe. Wenn der Beobachter die Oberhand hat, blicke ich optimistisch in die Zukunft. Mir fehlt noch das Feuer, das mich für irgendetwas brennen lässt. Im Moment ist es eher noch die Tage irgendwie rumbringen, mehr oder weniger befriedigend.

**Der Beobachter sagt mir, es ist was es ist!!!**

**Sei still und wisse, ICH BIN Gott! Alles ist gut wie es ist, weil es IST.**

Ich bin eine große Seele und werde mich an alle Wahrheiten erinnern!

Alles hat seine Zeit und ich warte geduldig bis sich mir das Geschenk und der Sinn offenbart.

Aber trotzdem bin ich unsagbar traurig, dass es dich körperlich nicht mehr in meinem Leben gibt.

**Unsere Toten sind nicht abwesend, sondern nur unsichtbar. Sie schauen mit ihren Augen voller Licht in unsere Augen voller Trauer.**

**Hl. Aurelius Augustinus**

Ich war immer der Meinung ich müsse etwas tun, um jemand zu sein. Ich habe seit deinem Tod immer meine Anbindung an die geistige Welt gesucht, immer in der Annahme da ist nichts. Wie oft habe ich mich in meinem Schmerz an jemanden gewendet, den ich nicht hören, sehen oder spüren konnte? Und wie oft sind meine Gebete und Wünsche erhört worden.

Diese Verbindung ist und war immer da. Ich brauche nur zu SEIN. Ich bin eine Wort– Heilerin und die Worte kommen zu mir, wenn ich im Flow bin. Aus diesem Grund haben sich die Menschen in der Casa auch für die Gespräche bedankt. Ich generiere durch die Gespräche Bewusstsein. In dieser sich wandelnden Zeit möchte das Herzwissen, das tief in mir verborgen ruht, zum Ausdruck gebracht werden. Das ist eines der Geschenke, die du mir mit deinem Sterben gemacht hast. Diese Fähigkeit wäre sonst niemals zum Vorschein gekommen.

So viel darf ich jetzt erkennen und in die Selbstliebe bringen. Ich darf lernen, mir für all das was ich bisher in meinem Leben geschafft habe auf die Schulter zu klopfen, denn nichts davon ist selbstverständlich.

Mein Meisterstück war wohl der Umgang mit deinem Tod. Ich kann heute wirklich sagen, dass ich im Frieden damit bin, auch wenn die Tränen noch meine besten Freunde sind. Das Vermissen wird wohl immer bleiben. Dein Sterben hat für mich neue Türen geöffnet, die sonst geschlossen geblieben wären. Ich bin unglaublich dankbar für unsere gemeinsame Zeit, so viel durfte daraus wachsen.

36 Jahre habe ich mich selbst klein gemacht, weil ich dich völlig verklärt wahrgenommen habe. Jetzt darf ich wachsen und in meine wahre Größe kommen, was an deiner Seite wahrscheinlich nie geschehen wäre, auch wenn du es dir gewünscht hättest, denn du hast das Potential in mir gesehen.

Wenn wir durch das Tal der Trauer gegangen sind, bietet sich uns die Chance eine großartigere Version von uns zu werden, denn wir wachsen durch den Schmerz

Die Trauer ist ein Geschenk für uns, um unser Herz weiter werden zu lassen und zu mehr Mitgefühl und Verständnis zu gelangen.

**Die Welt dreht sich weiter. Die Menschen leben, lachen lieben weiter. Das ist ein Zeichen, dass auch wir weiterleben sollen. Wenn die Wut schwindet verwandelt sie sich in Dankbarkeit.**

*In tiefer Liebe und voller Dankbarkeit*

# Quellennachweis

1)  **Robert Schwartz**
    "Die Mission der Seele"
    "Mutige Seelen"
    "Jede Seele plant ihren Weg"
    Ansata Verlag

2) **Pamela Kribbe**
   Leben aus dem Herzen Gottes
   Verlag EFT- Edition e.K.
   1.Auflage 2014

3) **Kurt Tepperwein**
   "Der Tod als Krönung des Lebens"
    Akademie und Fachverlagsanstalt für
   Persönlichkeitsentwicklung

### 4) Auszug aus Yogawiki

Satori ist eine plötzliche Bewusstseinserweiterung, bei der jemandem etwas ganz klar wird. Satori ist mehr als nur eine spirituelle Erfahrung, die mit Wonne verbunden ist, denn Satori hat immer auch ein tiefes plötzliches Verstehen zur Folge.

### 5) Robert Adams

" Stille des Herzens" Band1

J.Kamphausen Verlag

2.Auflage 2001

### 6) Judy und Bill Guggenheim

Trost aus dem Jenseits

FISCHER Scherz; 21. Edition (1. Januar 1999)

### 7) Veetmann

https://www.leben-sterben.de/ (Spirituelle Dimensionen von Leben und Sterben)

### 8) Doris Dräger, Berlin

Heike Macak, Berlin

Amara Yaschour, Todenbüttel

Syndia Detzler, Wadern

Woran Sie ein ausgebildetes Medium erkennen können:

Das Medium wird:

- Ihnen den Ablauf einer Sitzung erklären sowie all Ihre Fragen beantworten.
- wird Ihnen keinen Kontakt garantieren.
- braucht keine Informationen oder Bilder vorab.
- ist lediglich Vermittler der Botschaften ohne diese zu bewerten oder zu interpretieren.
- ist kein Wahrsager.
- verbreitet dem Kunden gegenüber keine Angst.
- setzt den Kunden zu keinem Zeitpunkt unter Druck.
- Gibt Informationen dem Kunden gegenüber respektvoll wieder.
- Respektiert den Kunden in jeglicher Form.
- macht den Kunden nicht abhängig von sich.

- Wird das Geld bei Nichtzustandekommen eines Kontaktes erstatten.

## 9) Gerhard Vester

Bewusstseinslehrer & Heilpraktiker

Neugartenstrasse 41

88709 Hagnau am Bodensee

## 10) CASA EL MORISCO s/n ⏐

ES-29790 Benajarafe ⏐ Spanien

Telefon: +34 952 51 33 14

E-Mail: casa@morisco.de

Internet: www.casaelmorisco.com

## 11) Robert Schwartz

Die Mission der Seele

Ansata Verlag   1. Auflage 2015

ISBN:978-3-7787-7467-0

Seite 203 ff

## 12) Markus Glauser;

Angekommen: von der Suche nach dem guten Leben

ISBN-13:978-3752832082

BoD 3. Auflage (16.10.18)

**Hier kannst du Hilfe finden:**

- Telefonseelsorge 0800/1110111

- www.hilfe-nach-suizid

- www.agus-selbsthilfe.de

- www.besu-berlin.de

- Trees of Memory e.V.


## Danksagung

Als erstes möchte ich meinem Mann für die gemeinsamen Jahre danken, du hast mein Leben so sehr bereichert. Unsere Kinder und unser Enkel haben mich durch die erste schwerste Zeit getragen und mir immer wieder durch ihr Sein Mut gemacht weiter zu machen und mich bei allem unterstützt. Ich liebe euch.

Des Weiteren geht mein Dank an Kanya, Silvia Hollenstein und BIG BEN, ihr drei habt mich im Umgang mit der geistigen

Welt geschult und Seiten in mir gesehen, die ich teilweise bis heute selbst noch nicht sehe und mir Mut gemacht, mich zu zeigen.

Außerdem an Ahalya Beatrix, meine erste Testleserin, die mir den letzten Schubs gegeben hat mein "Buch Baby" doch in die Welt zu bringen.

Zu guter Letzt Andreas, Katja, Regina und Hubert, ihr habt nie die Augen verdreht, wenn ich wieder so viel erzählt habe wie es mal war.